DICTIONNAIRE

DE

PHONÉTIQUE

PARIS

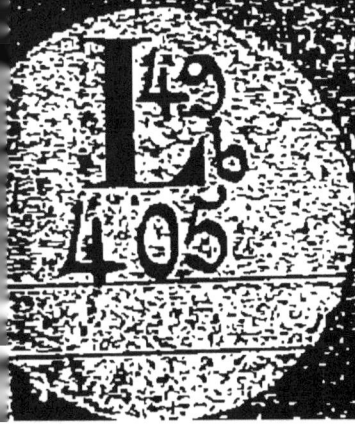

Ib. 405.

PETIT

DICTIONNAIRE

DES

GIROUETTES.

PETIT

DICTIONNAIRE

DES

GIROUETTES.

PAR UNE SOCIÉTÉ D'IMMOBILES.

PARIS,

CHEZ LES MARCHANDS DE NOUVEAUTÉS.

1826.

INTRODUCTION.

EN publiant ce petit livre, nous n'avons aucune mauvaise intention : rire et faire rire, tel est notre but ; et l'on ne saurait y atteindre d'une manière moins digne de blâme, puisque nous avons constamment respecté la vérité.

Hélas ! que n'avons-nous été girouettes nous-mêmes ? car, après tout, à quoi nous a conduit notre immobilité ?.... il ne fallait, pour faire provision de faveurs, de places et de pensions, que se tourner vers le soleil levant, et encroûtés dans nos ridicules préjugés, nous sommes restés comme la femme de Loth, lorsqu'elle eut regardé Sodome.

N'allez pas croire, messieurs les girouettes, que nous blâmions votre conduite ; nous la trouvons, bien au contraire, digne des plus grands éloges : vous avez songé à vos enfans, à vos neveux, à vos familles en général, et peut-être avez-vous un peu songé à vous-mêmes.... Eh ! depuis quand est-il défendu de faire son chemin en disant des douceurs aux gens qui les aiment? En vérité, quand on pense à cela, on est forcé de convenir que, nous autres immobiles, sommes de tristes originaux, et qu'il faut que nous soyons tout-à-fait abandonnés de Dieu, pour nous montrer les ennemis de nous-mêmes, au point de nous refuser une pirouette qui serait pour nous un tour de roue de la fortune!... Hélas! qui a bu, boira; qui a tourné, tournera, et qui a été immobile pendant le premier quart du 19me siècle, est condamné à l'être toute la vie. Salut! savantes girouettes, que le vent de la faveur vous trouve toujours dociles; quant à nous, nous ne cesserons d'être vos très-humbles et très-respectueux admirateurs.

Les Immobiles.

PETIT DICTIONNAIRE

DES

GIROUETTES.

ABOVILLE (d'). Sénateur sous la Republique, sénateur sous l'Empire : le Roi l'a nommé commandeur de l'ordre royal et militaire de Saint-Louis, et pair de France : il n'a pas sollicité cette faveur; mais il s'en est rendu digne. Chose remarquable : c'est a ses bonnes qualités et à ses talens qu'il doit le titre de girouette. Nous pouvons affirmer cependant qu'il n'a pas tourné à tous vents.

ABOVILLE (A. M. d'). Fils aîné du précédent, il s'est en tout montré digne de son père. Géneral sous l'Empire, il perdit un bras à Wagram : le Roi le nomma commissaire près l'Administration des poudres et salpêtres ; il est de plus député : l'auteur de la Petite Biographie de la chambre septennale assure que ce brave est plus éloquent à la tête d'une brigade qu'à la chambre, où il a constamment siégé depuis dix ans. S'il a tourné une fois, il ne paraît pas disposé à tourner une seconde.

Aboville (Augustin-Gabriel d'). Frère du précédent, et général comme lui, mais un peu plus girouette ; le mois de mars 1815 le vit tourner de l'est à l'ouest, et de l'ouest à l'est ; il est vrai que c'était pendant le mois des giboulees, et que, à cette époque, quantité de gens de mérite ne savaient de quel côté donner de la tête ; l'horizon politique etait couvert de nuages si épais que les plus habiles ne pouvaient prévoir de quel côté le soleil se lèverait, et que le parti le plus sage était de *pivoter* en attendant le *beau fixe*.

Abrial. Avocat distingué, qui plaida tour-a-tour la cause de la Republique, puis celle de l'Empire, puis celle de la Monarchie. Membre du sénat sous Napoléon, il fut nommé pair de France par le Roi. C'est un demi-tour que l'armée législative du Luxembourg a fait, en 1814, avec tant d'ensemble et de précision, que l'assemblée entière pouvait être considérée comme une énorme girouette, ou plutôt comme un faisceau de girouettes montées sur un seul pivot. Cette savante manœuvre parut d'autant plus extraordinaire, que l'illustre assemblée, quoique très-soumise et très-obéissante à la voix de son chef, n'avait pris aucune leçon d'exercice.

ABRIAL. Fils du précédent. Baron et préfet sous l'Empire, et maître des requêtes au conseil du Roi. Girouette sans importance, et qui paraît fixée maintenant.

AGUESSEAU (Henri-Cardin-Jean-Baptiste d'). Sénateur sous Napoléon; pair de France sous le Roi : il voyait *bleu* le 30 mars 1814; il vit *blanc* le 1er avril. C'est à cet effet d'optique que l'on doit la grande manœuvre, dont nous avons parlé plus haut. (*Voyez* Abrial.)

AIGREMONT (d'). Membre du corps législatif sous Napoléon, il est aujourd'hui député ministériel. Nous ne lui consacrons un article ici qu'à titre d'encouragement, car, à la rigueur, il n'y a pas grande différence entre ce qu'il était et ce qu'il est. Que voulait Napoléon pour législateurs? des muets ; que veut le ministère actuel ?... M. d'Aigremont pourrait nous en dire quelque chose.

ALBENAS (chevalier d'). Il a fait un livre intitulé : *Essai historique de la gloire de Napoléon*, c'était en 1808; en 1815, il publia des *Fragmens sur la Révolution française*, qu'il dédia au Roi. C'est une girouette que nous ne plaçons ici que pour mémoire.

ALBUFÉRA (le duc d'). Louis - Gabriel SUCHET, maréchal de France, nommé pair de France de la grande nomination du 5 mars 1819. Depuis 1792, il a parcouru tous les grades militaires, de celui de sergent, jusqu'à celui de maréchal, qu'il reçut en 1811, pour prix de sa conduite en Espagne. Le terrible massacre de la garnison de Tar-

ragone , sur lequel il a long-temps gémi ,
prouve que sa conduite n'était pas d'accord
avec son cœur. En 1814, sous les murs de
Narbonne, après l'abdication de Napoléon,
il fit reconnaître Louis XVIII à son armée,
et il en reçut le serment de fidélité. Mais
hélas !

La volonté de l'homme est bien ambulatoire. . .

Lorsque le maréchal Suchet apprit que
Napoléon était revenu de l'île d'Elbe, et
qu'il s'était bien installé de nouveau au château des Tuileries, il fit cette fameuse proclamation du 23 mars 1815, dans laquelle
il se rend garant que Napoléon *va assurer*
à la France ses constitutions, son indépen-
dance et la paix.

Maréchal de France lors de la naissance
du roi de Rome, il eut l'inestimable avan-
tage d'assister à la naissance du duc de Bordeaux. Le nom de ce brave genéral se rat-
tache à toutes les grandes circonstances.

AMABERT. Secrétaire du ministre des finances sous Napoléon, il fut nommé par le
Roi, en 1814, directeur-général de la loterie. Au mois de mars 1815, il reprit sa place

de secrétaire aux finances, et lors de la seconde restauration, il redevint directeur
de la loterie. Les finances ou la loterie, la
loterie ou les finances, M. Amabert ne sor-
tait pas de là ; il lui fallait une place, *quand
même*; ce n'est pas une chose difficile à
obtenir quand on tourne avec grâce, et
M. Amabert tournait si bien !

ANTIGNAC. Chansonnier très-connu : voici
un des couplets d'une chanson qu'il fit en
1814 :

> Quand je vois les armoiries
> De nos illustres Bourbons,
> Je suis sûr qu'aux Tuileries
> Il sera fait bien des bonds.
> Autour du vrai roi de France,
> Je vois chacun se presser ;
> Le cœur marque la cadence,
> *Je sais sur quel pied danser.*

M. Antignac, qui dansait sur un pied en
1814, dansa sur un autre en 1815, et chan-
geant de ton comme il changeait d'allure,
il fit des couplets pour célébrer l'heureux
retour de Napoléon. M. Antignac, qui
chantait et sautait pour tout le monde,
ne pouvait manquer d'obtenir une place

distinguée dans l'honorable société des girouettes..

ARMAND-SÉVILLE. Encore un poète qui chante pour tout le monde. Malheureusement, c'est toujours sur le même ton; exemple :

NAPOLÉON, monarque auguste,
Adoré de tous ses sujets,
Par son règne aussi doux que juste
Des méchans confond les projets :
Tel est le prince que l'on aime;
Le vif éclat du diadême
Le fait moins briller que son cœur,
Il ne compte pour ses trophées,
Que nos discordes étouffees,
Nos succès et notre bonheur !

Au Roi.

LOUIS, toujours grand, toujours juste,
Adoré de tous ses sujets,
Par son règne paisible, auguste,
Des méchans confond les projets.
Voilà le monarque qu'on aime;
Le vif éclat du diadême
Le fait moins briller que son cœur;
Il ne compte pour ses trophees.
Que nos discordes étouffées,
Notre amour et notre bonheur.

Voilà ce qui s'appelle savoir manger son

poisson à toutes sauces, et faire d'une pierre deux coups : il n'en faut pas davantage pour recevoir le titre de girouette émérite.

AUGER. C'est un académicien qui avait beaucoup de talent comme garde-magasin des fourrages, place qu'il occupa sous Napoléon : il sollicita sous l'Empire ; il sollicita lors de la Restauration ; le changement de vent l'ayant trouvé docile, il attrapa le fauteuil, en faisant *un quart de conversion.* Il dort maintenant sur l'edredon académique ; c'est une girouette rouillée.

B

BAOUR (Louis-Pierre-Marie-François), né à Toulouse en 1772.

Je sais un paysan qu'on appelait Gros-Pierre,
Qui n'avait pour tout bien qu'un seul morceau de
   terre,
Il y fit faire autour un grand fossé bourbeux,
Et de monsieur de l'ILE il prit le nom pompeux,
           MOLIÈRE.

C'est tout justement l'histoire du beau et du pinpant M. Baour : il possède un très petit pré, appellé Lormian, que lui a laissé M. son père, honnête libraire de

Toulouse, et M. le poète toulousain s'est fait appeler Baour-Lormian. Il faut cependant dire pour l'édification des fidèles, que notre poète n'a pas osé mettre la noble particule avant *Lormian;* probablement parce qu'il n'a pas jugé à propos d'aller s'établir au milieu de son pré. M. Baour, très-recherché dans son costume, a toujours voulu faire grand bruit. En arrivant à Paris, il débuta par plusieurs pièces, qui ne sont pas des pièces curieuses; mais une de celles qui l'est le plus, c'est son *poème sur le rétablissement du Culte,* où il fait dire à l'Éternel :

Alors paraît un homme en des jours plus prospères,
Heureux médiateur entre mon peuple et moi.

Cependant arriva l'an de grâce, 1815, où tout changea sur l'horizon politique, et la tête de M. Baour, très-disposée à tourner à tout vent, fut une des premières à se prosterner devant le soleil levant. En récitant son *mea culpa,* il dit dans une épître au Roi :

Abjurons des erreurs dont nous fûmes épris.

Ce que le malheureux, c'est qu'il

n'a jamais été épris des charmes de madame son épouse, qui l'accuse de je ne sais quoi d'impuissant; cependant, pour l'honneur du poète toulousain, la chronique rapporte qu'une certaine dame, L... G..é. ne s'en plaignait pas : si la chronique n'est pas une gasconnade, madame Lormian n'a pas raison.

BARANTE (le baron de). Prosper Brugnière, né en Auvergne, en 1783, d'une famille distinguée. Son père a été long-temps préfet du Léman, où il fut aimé et regretté. M. de Barante a été lui-même nomme préfet de la Loire-Inférieure en 1809. En 1810, il épousa mademoiselle d'Houdelot, et Napoléon signa son contrat de mariage. En 1814, il fut nomme par le Roi secrétaire-général du ministère de l'intérieur, et peu de temps après directeur-général des contributions indirectes. Les nombreux personnages portant quadruple et quintuple girouette, et qui sont depuis vingt-cinq ans immobiles au château des Tuileries, trouvent que M. de Barante met autant de grâces à se courber devant le Roi, qu'il en mettait jadis de-

vant Napoléon. En 1819, M. de Caze le fit
nommer pair de France.

BARBÉ-MARBOIS. Intendant des colonies
avant la révolution ; comte, ministre de la
justice, et premier président de la cour
des comptes, sous l'Empire ; il est aujour-
d'hui marquis, pair de France, et toujours
premier président. C'est un très-honnête
homme qui fait des phrases à perdre ha-
leine ; ce qui ne l'a pas empêché de haran-
guer tour-à-tour l'Empereur et le Roi, le
Roi et l'Empereur. En 1812, il éclata,
parmi les référendaires de la cour des
comptes, une grande conspiration : il s'a-
gissait de forcer M. le premier président à
permettre que les référendaires portassent
sur leur toque un galon d'or. M. Crassous,
conseiller référendaire de première classe,
etait le chef des conjurés ; le premier, il ar-
bora le fameux galon, et dès-lors les toques de maîtres des comptes furent en
guerre ouverte avec les toques des référendaires. Dans ces circonstances difficiles, il
fallait bien tenir son bonnet ; car il y avait
de fortes têtes parmi les belligérans, et
ce ne fut qu'à la sagesse des mesures pri-

2

ses par M. Barbé-Marbois, que l'on dut la cessation des hostilités.

En somme, M. Barbé-Marbois a droit à la reconnaissance et au respect des Français; il a tourné, c'est vrai; mais le vent soufflait avec tant de violence !

BARBIER-NEUVILLE. Chef de division, au ministère de l'intérieur, sous Napoléon, il le fut sous le Roi, puis encore sous Napoléon, puis de nouveau sous le Roi. Nul ne tourne sur son axe avec plus de facilité. Girouette très-bien entretenue.

BARTHELEMY. Ambassadeur de la Convention, comte de l'Empire et sénateur, il fut fait pair en 1814 ; tout compte fait, trois demi-tours. Girouette et demie.

BEAUCHAMP (Alphonse de). Employé dans un ministère pendant la révolution, et maintenant royaliste. M. de Beauchamp est de plus un ecrivain à la toise, très-connu des libraires contrefacteurs : un de ses ouvrages l'a fait condamner comme calomniateur ; un autre l'a fait déclarer pamphlétaire (*Mémoires de Fouché*), et son *his-*

toire, d'*Ali*, pacha de Janina, est copiée presque littéralement dans l'estimable ouvrage de M. Pouqueville. Il plaide maintenant avec le libraire Lerouge. A *corsaire, corsaire et demi.*

BEAUVARLET-CHARPENTIER. Éditeur, compositeur de musique. En sa qualité de musicien, il a chanté l'Empereur, il a chanté *nos bons amis les ennemis*, il a chanté le Roi ; et qui plus est, il a fait chanter tout cela par des milliers de voix : il a tourné, il tourne, il tournera.... Eh ! pourquoi ne tournerait-il pas ? le côté d'où vient le vent n'est-il pas une chose importante pour un marchand de feuilles ?

BEGOUEN. Napoléon le fit *conseiller* d'État ; lors de la restauration, M. Begouen voulut encore être *conseiller* d'État, attendu que l'ex-empereur l'ayant nommé *à vie*, il ne devait cesser de *conseiller* qu'en cessant de vivre. Ses amis lui *conseillèrent* alors de se faire royaliste, et M. Begouen, qui se connaît en bons *conseils*, suivit celui-ci, et resta *conseiller d'État.*

BENABEN (Claude Louis). Né à Toulouse

en 1772, de directeur de college est.de-
venu professeur de philosophie dans un lycée de troisième classe, a été dans sa jeu-
nesse un républicain intrépide ; toute la
ville de Toulouse est encore remplie de son
nom. Destitué, en 1815, pour cause d'opinion, il commença sa carrière littéraire
par l'émission de diverses brochures, qui
le firent connaître; celle qu'il publia contre le président Seguier, est remarquable
par le ton plaisant et caustique sur lequel
elle est écrite. M. Benaben sentit que son
estomac demandait des mets un peu plus
succulens que ceux que lui procuraient ses
brochures, et surtout les opinions qu'il
professait. Par une inspiration miraculeuse,
il en changea subitement, et travailla dans
la *Quotidienne*; et, tout en manifestant
les plus beaux sentimens dans ce journal
monarchique, il chercha à se faire recevoir
au nombre des rédacteurs de la *Minerve*;
il y parvint : mais on ne voulut jamais lui
faire l'honneur de l'accepter pour rédac-
teur responsable, ce qui lui donna d'autant plus de regiets, que pour entrer dans
cette association, il avait totalement changé d'opinion. Prenant alors une nouvelle

couleur, il travailla au *Journal de Paris*.
Cette nuance n'était pas assez prononcée ;
il quitta ce journal pour entrer à la *Gazette
de France*, dont il est un des plus fermes
appuis. Au résumé, de zélé républicain
qu'était M. Benaben, il est devenu jé-
suite.... que ne deviendrait-il pas pour
conserver son superbe embonpoint ?

BENOIST. Il épousa cette Emilie que le
poète Demoustier chante dans ses *Lettres
sur la Mythologie*. Napoléon lui avait ac-
cordé beaucoup de places et de faveurs, et
M. Benoist chantait alors les louanges du
grand homme. M. Benoist est maintenant
député ministériel, et royaliste si pur,
que, on l'assure, il a livré aux flammes plusieurs tableaux peints par sa femme, qui
avaient le grand tort de representer de plusieurs manières le premier bienfaiteur de
M. Benoist.

BERTIN de VAUX (...) est le fondateur du
Journal de l'Empire, et il est encore aujourd'hui propriétaire du même journal,
qui a totalement changé de couleur, depuis
qu'il a pris le titre du *Journal des Débats*.

Le *Journal de l'Empire,* entièrement dévoué à l'Empereur, ne cessait de faire l'éloge des vues immenses', du génie, et même des vertus du maître. *Le Journal des Débats* ne voit plus, dans l'homme qui fut long-temps préconisé, qu'un tyran, un usurpateur, un destructeur du genre humain. Voici le secret de M. Bertin de Vaux : au-dessus de sa maison de la rue des Prêtres, il a placé un astrolabe pointé sur le drapeau qui flotte aux Tuileries, et il règle la couleur de son journal sur celle de ce pavillon.

BERTON. Musicien compositeur, il tourne à tous vents, pourvu qu'ils n'annoncent pas l'eau, attendu que, par esprit de corps, M. Berton a horreur de ce liquide ; il a fait de la musique pour Marie-Louise ; il en a fait pour Madame, duchesse d'Angoulême. C'est un bon vivant, qui veut avoir des amis partout, et qui ne tient pas à la *mesure,* pourvu qu'on lui garde *note* de ses bonnes intentions, et qu'on ne lui chante pas de *gamme* à propos de politique.

BESSIÈRE. Préfet sous Napoléon, préfet

sous le Roi, puis préfet pendant les cent jours; pourvu qu'il soit préfet, M. Bessière ne s'occupe pas du reste. En fait d'opinions politiques, il a droit à la *girouette*; mais en fait de préfecture, c'est un immobile.

Beugnot. Comte de l'Empire et conseiller d'État. M. Beugnot devint ministre en 1814, et directeur général des postes en 1815. Il serait autre chose, si on le voulait: le vent de la faveur ne l'a jamais trouvé indocile.

Bonald (de). Le plus lourd et le plus ennuyeux des écrivains. L'Empereur lui donna une place de 12,000 fr. dans l'université; en 1814, lors de la première restauration, il se jeta à corps perdu parmi les *ultra*, et publia une foule de brochures, que personne ne lut : il vient tout récemment, de jeter à la tête du public, une nouvelle production contre la liberté de la presse : jamais on n'a entassé plus de pitoyables argumens, en moins de pages. *La Quotidienne* prône cet ouvrage, ou plutôt M. de Bonald le prône dans *la Quotidienne,* dont il est un des rédacteurs.

Bosio, sculpteur. On lui reproche d'avoir fait le buste du Roi, après celui de l'Empereur. Mais un sculpteur, ne peut-il pas sans craindre le blâme, faire Dieu et Diable. ..... en marbre bien entendu.

Bossi. Préfet qui a fait des discours aux Bourbons, avec des discours à Napoléon, au moyen de quelques petits changemens. Les harangues de ce préfet ressemblent aux instrumens qui ont des corps de rechange.

Bourrienne (Fauvelet de). M. de Bourrienne n'est qu'un ingrat : camarade de collége et secrétaire intime de Bonaparte, à qui il doit son élévation, il a été un des premiers à décrier l'ex-empereur. M. Fauvelet de Bourrienne a toujours été conseiller d'État, et malgré son grand talent pour conseiller, il n'a jamais eu l'art de choisir un bon conseiller pour lui-même; Si nous ne craignions pas de froisser son amour-propre, nous conseillerons de ne.... Mais nous ne faisons pas attention qu'il ne s'agit que de placer son nom au Dictionnaire des Girouettes.

BOUVET DE CRESSÉ. Honnête homme, bon citoyen, brave soldat, littérateur infatigable. Il a fait des vers pour la République, des vers pour le roi de Rome, des vers pour Henri IV, des vers pour le duc de Bordeaux ; il a demandé la croix d'honneur au premier Consul, puis il a demandé à l'Empereur, puis il pria le Roi, de la lui donner, et chose incroyable, il ne l'a pas encore obtenue. Chaque fois qu'il se trouve un fauteuil vacant à l'Académie, M. Bouvet se met sur les rangs ; il y a quinze ans que cela dure, et il a déja obtenu une voix.

BRAZIER. Chansonnier très-connu : voici un couplet de lui, fait en 1811 ; il s'agissait de la naissance du Roi de Rome.

> Nous faisions tous des vœux
> Pour demander aux dieux
> Un prince héréditaire,
>   Qui plût,
>   Qui fût
> Semblable à son père ;
> Le sort nous est prospère,
> Chantons ce prince là :
>   Le voilà !

En 1813, M. Brazier chantait :

> Mes amis, courons, courons, courons,
> Courons à la victoire
> En vrais fils de la gloire ;
> Mes amis, courons, courons, courons,
> Et quand nous combattrons,
> Triomphons ou mourons.

Cet homme qui engageait ses amis à courir après la victoire, se contentait, lui, de courir après les gratifications, et pour en attraper, il enfourchait volontiers le Pégase de circonstance. Nous venons de voir des vers de 1813, en voici de 1814 :

> Quand dans un esclavage affreux
> Nous gémissions d'puis vingt années,
> Qui peut donc, par un coup heureux,
> Changer nos tristes destinées ?
> Ma foi, *convenez-en tout d' bon*,
> C'est un Bourbon.

Nous conviendrons volontiers de cela avec M. Brazier ; mais, M. Brazier conviendra avec nous qu'il avait des droits incontestables à une place dans ce petit livre.

BRIFFAUT. Auteur de tragédies tombées, d'opéras sifflés, et, *à ces causes*, l'un des quarante immortels de l'académie *des bon-nes jambes.*

En 1810 il chantait :

Gloire à Napoléon ! Hymen comble ses vœux'
Que le plus grand des rois en soit le plus heureux !

En 1814 , il chanta :

> Allez , nobles fils de la gloire,
> Au-devant du fils de Henri ;
> Portez-lui l'étendard chéri
> Des Bourbons et de la victoire.

On assure que son discours de réception a l'Académie sera applaudi ; je le crois : les bravos sont de rigueur à l'Institut. On dit encore qu'en lui répondant , on s'abstiendra de faire mention de ses ouvrages , pour ne point troubler la cendre des morts.

C

CADORE (le duc de) Jean-Baptiste Nompère de Champagny, né en 1756. On le destinait à la marine, et la révolution changea totalement sa destinée : député aux États généraux, il fut presque célèbre dans l'ordre du tiers-état ; il a cependant été pendant une douzaine d'années sans paraître sur l'ho-

rizon politique; mais reparaissant avec un
nouvel éclat, il est nommé conseiller d'É-
tat après le 18 brumaire, ensuite ambassadeur à Vienne. L'empereur d'Autriche voulut bien être le parrain de son fils, et le
duc de Cadore en fut d'autant plus char-
mé, qu'il aimait à faire grand bruit; mais
celui des cloches fut le seul qu'il obtint
dans cette circonstance. Nommé ministre
de l'intérieur, il rentre en France tout justement pour aller recevoir à Fontaine-
bleau, S. S. Pie VII, qui avait bien voulu
se déranger pour venir couronner Napoléon.

Après le traité de Tilsitt, le duc de Cadore passa au ministère des relations exté-
rieures; dès-lors à sa grande satisfaction, son
nom fit beaucoup de bruit, rétentit dans toutes les cours étrangères, et les honneurs lui
vinrent de tous côtés. La note qu'il envoya
au cardinal Caprara, sur le refus que faisait le Pape d'accéder aux mesures de l'Empereur, pour fermer tout accès aux Anglais,
dans les ports du continent, est vraiment
une pièce curieuse. « La proposition dont
» Sa Majesté ne se départira jamais, lui
» dit il, est que toute l'Italie, Rome, Na-

» ples et Milan forment une ligue offensive
» et défensive, afin d'éloigner de la pres-
» qu'île le désordre de la guerre. Si le Saint
» Père, mieux conseillé, adhère à cette pro-
» position, tout est terminé: s'il s'y refuse, il
» annonce, par cette détermination, qu'il
» ne veut aucun arrangement, aucune paix
» avec l'Empereur, et qu'il lui déclare la
» guerre...... Ces changemens devenus né-
» cessaires, si le Saint Père persiste dans son
» refus, ne lui feront pour cela perdre au-
» cun de ses droits spirituels, car il conti-
» nuera d'être évêque de Rome, comme
» l'ont été ses prédecesseurs, pendant les
» huit premiers siècles et sous Charlema-
» gne, etc. »

M. le duc de Cadore, a encore été élevé
à plusieurs autres dignités : à la première
entrée du Roi, il fut nommé pair de France
le 4 juin 1814; dans les cent jours, il conserva cette dignité, qu'il perdit à la deuxième rentrée des Bourbons. Enfin il a été
nommé pair de France en 1819.

CAPELLE. C'est un ancien chansonnier,
qui est maintenant inspecteur de la librai-
rie, et qui suscite mille tracasseries aux

imprimeurs, aux libraires, et par ricochet aux auteurs. Parce qu'il ne chante plus, il voudrait que tout le monde se tût. Nous regrettons qu'il ait perdu la voix, il fredonnait si bien! exemple :

Naissance du roi de Rome.

Français, Français, le verre en main,
 Que ce jour nous rassemble,
 Chantons, buvons ensemble,
A la santé du roi romain.
  Et sa naissance,
  Et sa puissance,
  Viennent en France
 Doubler notre espérance.
Or sus, debouchons nos flacons,
Versons, trinquons, versons, trinquons,
  Rions, chantons,
 Chantons et répétons :
 Qu'il vive et qu'il prospère,
 Tout comme a fait son père.
Tout comme a fait, tout comme a fait son père.

Voici un autre couplet du même auteur, qui ne ressemble guère au précédent; il est vrai qu'il n'est pas sur le même air :

 Que l'airain, jusqu'à la frontière,
 Propage le cri de nos cœurs;
 Et l'annonce à l'Europe entière,
 Qui gémissait de nos erreurs,

En voyant le terme à nos peines,
Oublions des maux inouïs,
Et chantons, en brisant nos chaînes.
Vive la Paix ! Vive Louis !

M. Capelle, qui était si content de briser ses chaînes, en fait porter de bien lourdes aux imprimeurs de Paris : encore s'ils pouvaient chanter !

CASA BIANCA. Il prêta serment à la République, serment à l'Empereur, serment au Roi, puis encore serment a l'Empereur. M. Casa-Bianca est persuadé qu'un homme public ne doit pas être arrêté dans sa carrière par un serment; il pense que tout le dévouement possible est incapable de résister à un coup de vent, et, consequent à ses principes, il tourne, tourne, tourne avec une facilité admirable.

CHABROL (comte de Volvic). Lorsque M. Chabrol était sous-préfet de Pontivi, petite ville de la Basse-Bretagne, son amour pour Napoléon était si grand, qu'il exigea que Pontivi changeât de nom, et prit celui de Napoléonville. Les habitans furent obligés de subir le joug que leur imposait le

petit sous-préfet, et cette ville, qui tient
son nom de saint Ivi. qui a été cure dans le
pays, a porte pendant huit à neuf ans le
nom de Napoléonville, pour complaire aux
désirs du *très-petit* sous-préfet (car il est
singulièrement engraisse). Cette admiration du petit sous préfet, pour le grand au-
tocrate (1805), lui valut la préfecture de
Montenotte. Arrivé à Savone, M. Chabrol
fut nommé grand geolier de Sa Saintete
Pie VII ; il s'acquitta merveilleusement de
cette fonction : il semblait être né pour
être concierge de grande prison ; à peine
laissait-il respirer le successeur de saint
Pierre ! La conspiration Mallet, à Paris,
fut cause de la destitution du préfet de la
Seine. M. Chabrol fut appelé à le remplacer ; peu de temps après, il épousa la fille
de l'archi-trésorier Le Brun (aujourd'hui le
duc de Plaisance). Ce fut alors que le petit
sous-préfet s'imagina être un grand homme,
et toute son étude fut de construire harmo-
nieusement des phrases laudatives, pour
adresser au pouvoir ; ausi en jeta-t-il a la
figure de Napoléon empereur, de Louis
XVIII, de Napoléon usurpateur, encore
de Louis XVIII, et tant qu'il pourra rester

sous le vent de la faveur, il en tirera à volonté de son petit magasin.

CHABRAIN. Encore un chansonnier qui a chanté le roi et la ligue. Girouette sans importance.

CHATEAUBRIAND (le vicomte de), François-Auguste. Les derniers évènemens qui l'ont précipité du ministére, ont fait développer en lui un très-beau caractère, et la posterité, qui le jugera, lui en tiendra compte. Il est fâcheux que des antécédens nous forcent à le placer dans ce Dictionnaire. Dans une préface d'*Atala*, imprimee en 1801, ce litterateur place Bonaparte à côté de Dieu même, et dit que le Créateur l'envoya sur la terre en signe de réconciliation. Quelques annees après (*Gazette de France*, avril 1814), il fait le parallèle de Napoléon et de l'auguste maison de Bourbon ; l'Empereur, alors, n'est plus l'envoyé de Dieu, c'est le tyran le plus exécrable que l'Enfer ait jamais vomi. Ce parallèle lui valut les faveurs de Louis XVIII, qui le nomma ministre d'État. Le discours de M. Chateaubriand, à sa réception à l'Académie, en 1811, à la place de Chenier, prouve encore son admiration pour Napoléon. Nous ne nous étendrons pas davantage sur un des plus beaux esprits de notre époque. S'il a tourné, tout nous porte à croire qu'il ne tournera plus.

CHAZET (Alissan de). Poétereau, écrivain politique du dernier ordre; il chanta l'Empereur, il ecrivit dans *la Quotidienne*, et il est aujourd'hui lecteur du Roi. Monsieur Chazet, qui ne quittait pas le derrière de Napoléon, se trouve maintenant dans les antichambres de tous les personnages en faveur. Il jouit de quelque credit, au moyen, duquel il a recruté, pour les girouettes. Il est depuis long-temps surnommé l'*Inévitable* : on le trouve dans les trente-deux airs de vent.

COLCHEN (le comte), Victor, né en 1752. Après avoir occupé diverses places dans le Bearn, il fut nommé, en 1801, membre de la Commission chargée de négocier la paix avec l'Angleterre. Le comte Colchen a été successivement préfet, senateur et secrétaire du Sénat. C'était a Napoléon qu'il devait cette haute élévation, et pour lui prouver sa reconnaissance, il fut un des premiers à signer sa déchéance. Cette noble conduite lui valut sa nouvelle nomination par le Roi, en juin 1814. Pendant les cent jours, il protesta de son innocence auprès de l'Empereur, qui ne lui garda pas rancune. Il fut encore nommé pair de France, en mai 1815. L'ordonnance du 24 juillet l'en chassa de nouveau. Enfin, lors de la grande fournee de pairs que fit le ministre Decaze, on lui rendit ce qu'il avait déjà perdu tant de fois.

CONÉGLIANO (le duc de), Bon-Adrien-Jeannot MONCEY, fils d'un avocat au parlement de Besançon. Grenadier en 1773, à l'âge de 19 ans, dans le régiment de Champagne, il a parcouru tous les grades, et c'est aujourd'hui un des plus anciens maréchaux de France. Les fastes de la gloire française sont remplies de son nom et de ses exploits. Après la première entrée de Louis XVIII, il fut nommé ministre d'Etat et pair de France, et conserva sa place d'inspecteur-général de la gendarmerie. Après le débarquement de Bonaparte, revenant de l'île d'Elbe, il adressa au corps de la gendarmerie, une proclamation pleine de fidelité et de devouement au Roi. Au retour de l'Empereur, d'anciennes affections se réveillèrent en lui, et il ne put y résister. Napoléon le nomma pair de France : honneur qu'il perdit par l'ordonnance du 24 juillet 1815. N'ayant pas voulu présider le conseil de guerre chargé de juger le maréchal Ney, il fut pendant trois mois aux arrêts au château du Ham. Malgré cette disgrâce, il a été de nouveau nommé pair de France, le 5 mars 1819.

CORNUDET-DESCHOMETTES (le comte), Joseph. Ancien membre de l'assemblée législative, et ensuite membre du conseil des anciens. Il fut un des principaux coopérateurs de la révolution du 18 brumaire ; Bonaparte l'en récompensa en le chargeant de diverses missions très-importantes. En 1804, il fut fait sénateur, et il obtint la sénatorerie de Rennes. A l'entrée de Louis XVIII, en juin 1814, il fut nommé pair de France ; dans les cent jours, il fut de nouveau nommé pair par Napoléon. En juin 1815, à la deuxième rentrée du

Roi, il fut du nombre des reformés. Enfin, monsieur le ministre Decaze le fit de nouveau nommer pair, le 5 mars 1819. Tout bien compté, il a fait successivement face aux quatre points cardinaux. Girouette éprouvée.

Cuvier (le baron), Georges-Léopold-Chrétien-Frédéric-Dagobert. M. Cuvier est un savant du premier ordre, il est membre de l'Institut et de plusieurs autres académies. Il possède des connaissances solides et des opinions mobiles. Nous devons cependant dire à son honneur et gloire, que depuis le 8 juillet 1815, il a ete ferme dans la dernière qu'il a adopté. Sous tous les gouvernemens, il a été professeur d'histoire naturelle, conseiller de l'instruction publique, ou de l'Université impériale, ou de l'Université royale ; maître des requêtes au conseil d'Etat ou conseiller d'Etat. 'Depuis quelques années, on a ajouté à ses dignites, celle de commissaire du Roi à la chambre des députes, honorable fonction dont il s'acquitte à merveille.

Dartigaux. C'est un député ministériel

qui a été patriote, puis bonapartiste, puis royaliste. Il a tourné dans tous les sens, et il n'en est pas beaucoup plus avancé.

CAMPENON (Vincent), né a Grenoble en 1775. Il fut nommé à l'Institut pour remplacer le célèbre abbé Delille.

Au fauteuil de Delille aspire Campenon,
Son talent suffit-il pour qu'il s'y campe? Nou.

De sa nomination à sa réception il s'écoula un espace de deux ans. Il fut nommé sous l'Empereur, et reçu sous le Roi; mais le héros de son pauvre discours étant toujours le chef du gouvernement, M. Campenon se tira d'affaire en mettant Louis a la place de Napoleon, puis Napoléon à la place de Louis, et, en définitive, Louis l'emporta, attendu qu'il était sur le trône, et qu'en sa qualité de girouette, l'illustre académicien, n'en demandait pas davantage.

COUPART. Employé de la police, bureau des théâtres. C'est ce grand génie qui taille et rogne les pièces que les auteurs dramatiques sont obligés de soumettre à M. Franchet. C'est un royaliste dévoué, ce qui ne l'empêche pas d'être l'auteur de ces vers sur la Naissance du roi de Rome :

> Pourquoi nous dire avec humeur
> Que de vers on voit un déluge ?
> Ce n'est point l'esprit, c'est le cœur,
> Le cœur seul qui fait que l'on juge.
> Nos souverains montrent moins de rigueur,
> Ils savent qu'en ces jours de fêtes,
> Si tous ceux dont ils sont chéris
> Faisaient des vers, des chansonnettes,
> Bientôt, sans avoir rien appris,
> Tous les Français seraient poètes.

D

DARU (le comte), Pierre-Antoine-Noël-Bruno, né à Montpellier en 1767. Il commença sa carrière administrative par être commissaire du gouvernement pour les approvisionnemens des vivres près l'armée de Sambre-et-Meuse ; ensuite commissaire des guerres et commissaire ordonnateur. Après le 18 brumaire il fut nommé chef de division au ministère de la guerre. En 1804 il fut nommé comte d'Empire et intendant de la liste civile, et deux ans plus tard on le nomma com-

missaire général de la grande armée. Il
suivit Napoléon en Russie, et travailla sans
cesse dans son cabinet jusqu'à sa dechean-
ce. En 1814, le Roi le nomma intendant-
général de l'armée, et pendant les cent
jours il donna une somme considérable
pour l'habillement des fédérés parisiens;
depuis cette époque il est resté ignoré dans
sa terre près Meulan. L'ordonnance du
5 mars 1819 l'a créé pair de France. En
1806, M. le comte Daru a été nommé
membre de l'Institut a la place de Collin
d'Harleville, et il est toujours resté acade-
micien.

Donnadieu (le vicomte de). Napoléon le
fit général, puis lui ôta titres, grades et
emplois : le Roi les lui rendit ; les habitans
de Grenoble savent quel usage il en fit.
En 1823, il fit la campagne d'Espagne.
Chaque bulletin annonçait que M. Donnadieu allait incessamment prendre Mina,
et, le lendemain, des lettres particulières
annonçaient que Mina était entré en France
à la tête de 1500 hommes. Nous ne le
plaçons ici que pour faire preuve d'exac-
titude, car un disgracié de Napoléon n'a-

vait pas besoin de tourner beaucoup pour devenir royaliste ultra.

DEDELAY-DAGIER. Chevalier avant la révolution, sénateur sous la republique, pair en 1814, sous Louis XVIII, et pair en 1815 sous Napoléon : il a tourné sans bruit et sans attendre la bise.

DELAMALLE. Conseiller de Napoléon, conseiller du roi, conseiller de l'université impériale, et conseiller au conseil royal d'instruction publique. M. Delamalle était content pourvu qu'il conseillât. Quant a nous, nous lui conseillons de se rendre toujours digne de figurer parmi les honorables girouettes dont nous faisons l'esquisse.

DELVINCOURT. Directeur de l'école de droit de Paris : il flatta l'Empereur, puis le Roi, puis l'Empereur, puis encore le Roi. Il est peu aimé des élèves en droit, qui font grand cas de ses talens ; mais qui lui reprochent une foule de vexations et d'actes arbitraires. C'est le doyen de la faculté et le patriarche des girouettes, mais ce n'est pas le père des élèves.

DÉSAUGIERS. Chansonnier célèbre, il fit des couplets pour tous les gouvernemens qui se succedèrent; nous avions l'intention d'en rapporter quelques-uns, mais ils sont si nombreux et si connus que nous avons renoncé à ce projet : il est parfaitement peint dans une chanson, dont voici le refrain, et qui, en 1816, courut tout Paris :

> N' saute pas à demi,
> Paillass' mon ami,
> Saute pour tout le monde !

. M. Désaugiers a plus sauté qu'il ne sautera, mais son excessif embonpoint ne saurait pourtant l'empêcher de tourner sur son axe, la chose la plus importante pour une girouette.

DESRENAUDES. Conseiller de l'université sous l'Empereur, il fut conseiller de l'université sous le Roi. Napoléon l'avait fait censeur, Louis XVIII le conserva censeur. c'est un homme qui tourne mais qui n'avance pas.

DUBRETON (le comte), Jean-Louis, né à Ploërmel en Bretagne, en 1773. En 1791

il était sous-lieutenant dans le régiment
de Penthièvre; il a traversé la révolution et
le règne de Napoleon. En passant par tous
les grades jusqu'à celui de lieutenant-géné-
ral qu'il a aujourd'hui. En octobre 1812,
il s'est couvert de gloire lors de la défense
de la ville de Burgos, en forçant l'ennemi
à leyer le siège. Simple dans ses goûts
comme dans ses habitudes, il a un beau
caractère ; on lui reproche seulement d'a-
voir trop tôt oublié les bienfaits de l'Empereur qui l'aimait et qui l'estimait. Le
comte Dubreton a ete nommé pair de
France le 5 mars 1819.

Dupuy-des-Illets. Auteur de quelques mi-
serables poésies : il s'est traîné à la suite de
tous les gouvernemens, en chevrotant de
pauvres vers sur tous les tons ; c'est l'inévitable des almanachs chantans, et le plus
grand fabricant de louanges plates.

Dupuytren. Chirurgien célèbre ; l'Empereur le nomma inspecteur général de l'u-
niversite ; le Roi lui donna la même place.
Madame Dupuytren passe pour aimer beaucoup les operations chirurgicales : un jour

le bon docteur trouva dans le boudoir de
sa femme, un homme qu'elle y avait oublié, sans doute par suite de son amour
pour les operations. M. Dupuytren se fâ-
cha; il prétendit que madame ne devait
pas avoir d'autre operateur que lui, et
dans un accès de colère, il cassa un bras
à sa studieuse moitie. Heureusement il
tenait le remede, dans la main qui faisait
le mal.

GENTIL. Chansonnier, et auteur d'une
foule de vaudevilles, presque toujours de
circonstance. Le mariage de l'Empereur,
la naissance du roi de Rome, l'entrée des
Bourbons, la rentrée de l'Empereur, la
deuxieme rentree des Bourbons. la naissance du duc de Bordeaux, et les fêtes du
chef de l'État; tout cela a été célébré par
ce poète; la flexibilité de son talent l'a
merveilleusement servi; pour le récompen-
ser de cette facilité extraordinaire, il fut
nommé en 1821 directeur du théâtre de
l'Odeon. Malheureusement cette place ne
pouvait être remplie que par un homme
de talent; et M. Gentil fut obligé de se
démettre des fonctions qui lui avaient été
confiees.

DUVIQUET (l'abbé). A été secretaire géneral de la commission temporaire à Lyon,
peu de temps aprés, secrétaire general du
ministère la justice sous Merlin. M. Duviquet a tenté de justifier les massacres de
Lyon, il a fait ensuite l'éloge de la République, puis celui de Napoléon, puis encore celui de Louis XVIII, etc.

Le *Journal des Debats* compte M. Duviquet au nombre de ses plus anciens rédacteurs.

F

FIÉVÉE, ancien préfet du département
de la Nièvre. Ce département est encore
rempli de l'esprit de ses éloquentes procla-
mations en faveur de l'Empereur : le 9
avril 1814, il en lança une foudroyante,
contre celui qui l'avait élevé. Il est difficile de faire tourner un pavillon avec plus
de vitesse, et la girouette de M. Fiévée,
obeit avec une facilite extraordinaire au
vent qui souflait à cette epoque. Il est auteur d'un grand nombre de brochures au
moyen desquels il a soufflé le chaud et le
froid.

FRANÇOIS DE NEUCHATEAU (le comte),
Nicolas-Louis, né dans les Vosges en 1752.
En 1790, il était juge-de-paix du canton
de Vicheray, et en 1791 il fut nommé député de son departement à l'assemblée
legislative; en 1792, il refusa la place de
ministre de la justice; mais cinq ans plus
tard il accepta celle de ministre de l'intérieur, ensuite il entra au directoire à la
place de Carnot; enfin, après le 18 brumaire il fut nommé par Bonaparte membre du sénat conservateur. En commen-
çant sa carrière de jurisconsulte, il s'etait
constamment occupé de poésie; il avait
composé plusieurs pièces contre la famille
royale, alors captive. Aussitôt qu'il fut sénateur, il ne s'attacha plus qu'à composer
des vers louangeurs pour Bonaparte. Lois
de la chute de l'Empereur, il presenta ses
poésies à S. M. Louis XVIII, après avoir
fait disparaître du recueil une fable pour
l'instruction des sans-culottes, et qui com-
mence ainsi :

Dom porc avec dame panthère, etc.

Cet hommage lui valut le titre de pair
de France. M. François de Neuchâteau,
membre de l'académie, a vingt fois changé

d'opinion ; il changerait encore vingt fois
si l'occasion s'en présentait. C'est une des
meilleures girouettes françaises.

Frayssinous (Denis). Né a Curière, en
1765.

On ne sait, disent les biographes, dans
quel rang de la société étaient placés les
auteurs des jours de M. Frayssinous.

M. l'abbé Frayssinous a commencé à se
faire connaître par ses conférences sur les
preuves du christianisme, en 1801, dans
l'église des Carmes ; de là il transféra le
lieu de ses conférences à Saint-Sulpice,
où il attirait une grande affluence de fidèles,
et peut-être encore plus de curieux. Bien-
tôt il fut nommé inspecteur général de
l'académie de Paris, et chanoine au cha-
pitre de la cathédrale. En 1809, il reçut
l'ordre de cesser ses conférences, et de se
renfermer dans les limites des fonctions
qui lui étaient confiées ; en 1814, il reprit
ses conférences avec plus d'ardeur. En
1817, il fut chargé par l'Institut de faire le
panégyrique de Saint-Louis ; c'est en reconnaissance de ce petit service que Messieurs les immortels résolurent de saisir la

4

première occasion qui se présenterait pour le faire entrer dans leur congregation. Enfin M. Frayssinous fut nommé evêque *in partibus*, recteur de *l*'universite et membre de l'Academie. M. l'evêque d'Hermopolis a été élevé à toutes ces dignites sans que l'on fût bien assuré qu'il avait appris à écrire.

Ses conférences qu'il vient de publier ne nous en ont pas appris davantage ; mais M. Frayssinous est ministre, et, par conséquent, il a de l'esprit quand même.

G

GASSENDI (le comte), Jean-Jacques Basilien, né en 1748. Général de division d'artillerie, M. Gassendi a traverse presque toute la révolution dans les bureaux du ministère de la guerre, où il a ete pendant quinze ou vingt ans, chef de la division de l'artillerie. L'Empereur l'avait nommé conseiller d'état. Le 4 juin 1814 le Roi le nomma pair de France. Jour pour jour, un an après, l'Empereur lui conféra la même dignite, et plus tard le Roi le réélut pair de France.

GÉRARD , peintre. Il a fait les portraits de Napoléon, de l'Impératrice, du roi de Rome, etc. et ceux de tous les princes de la famille des Bourbons. Il importe fort peu à M. Gérard de savoir de quelle couleur ou de quelle opinion est l'illustre personnage qui veut bien poser, pourvu qu'il broie ses couleurs et qu'il puisse ensuite les disposer sur la toile. Les Grecs et le pacha d'Egypte, les chrétiens d'Orient, et MM. les ministres, tout est de sa compétence. Son talent lui a valu tout récemment le titre de baron.

GIRAUD. Ex-rédacteur du *Journal de Paris*; il a changé d'opinion presque autant de fois que cette feuille, qui en est à son dixième ou douzième maître. Il chanta Napoléon en 1811, et l'injuria en 1814. Pauvre girouette.

GUÉROULT. Professeur d'éloquence latine au Lycée Napoléon, professeur d'éloquence latine au college de France : l'Empereur lui donna la croix de la Réunion, le Roi le fit chevalier de la Légion-d'honneur: il avait trois places sous Napoléon, il en eut

4.

six sous Louis XVIII. Ce n'est pas une
de ces girouettes qui tournent pour rien.

H

Happé (J. B A.). Il fit des vaudevilles,
et des mélodrames en l'honneur de Napoléon, qui le nomma directeur des hô-
pitaux militaires. En 1814, il publia contre
l'ex-Empereur, une brochure dans laquelle
il traite son ancien maître de monstre
et de scélérat : la girouette avait tourné,
et cette publication ressemblait assez au
coup de canon par lequel les marins ont
l'usage d'assurer leur pavillon.

Hédé. Boulanger du premier Consul,
boulanger de l'Empereur, boulanger du
Roi; il a pétri sous tous les Gouvernemens,
et s'il a crié *vive le Roi*, et *vive l'Empereur*, cela ne doit pas paraître extraordinaire; puisqu'il les faisait manger, c'est
qu'il voulait qu'ils vécussent.

Héricart de Tory. C'était, sous Napoléon *Monsieur* Héricart de Thury, ingénieur
en chef, attaché à la direction generale des

mines; c'est aujourd'hui M. *Le Vicomte* Héricart de Thury, gouverneur des Catacombes et membre de la chambre des députés.

J

Jacquelin (J. A.). Poète célèbre dans la rue des Lombards, ses quatrains font les delices des confiseurs, et ses œuvres font l'honneur du théâtre de M. Comte : il a chanté l'Empereur, il a chanté le Roi, depuis vingt ans il n'a laissé échapper aucune circonstance. Gratification à la St. Napoléon, gratification à la St.-Louis, gratification à la St.-Charles; pourvu que les gratifications ne manquent pas, M. Jacquelin est homme à chanter tous les saints du calendrier. Ce chanteur infatigable occupe maintenant l'honorable emploi d'inspecteur de la garde-robe des actrices : on assure que ces dames ne chantent pas ses louanges.

Jacques Juge. On ne saurait faire le demi-tour avec plus d'impudence que ce personnage. Napoléon étant à l'île d'Elbe, M. Jacques publia ces vers :

Mortel audacieux que le vice déprave,
Fait pour régner despote ou pour ramper esclave,
Infatigable, vil, souple, fallacieux,
Et cruel par principe autant qu'ambitieux,
Perfide en ses bienfaits, ivre de tyrannie, etc.]

En 1815, Napoléon étant rémonte sur le trône, M. Jacques Juge, publia une brochure dans laquelle se trouve cette phrase : « Le mécontentement general était à son » comble ; la France gémissait, sous le » pouvoir absolu du monarque que ses en- » nemis lui avaient imposé. Napoléon pa- » raît, et nous sommes libres. »

JAY (A). M. Jay a écrit dans divers journaux, et il a été le plus intrépide louangeur de tous les ecrivains ses confrères. Après avoir encensé Bonaparte pendant son règne dans le *Journal de Paris*, etc., il vanta, le gouvernement de Louis XVIII pendant 1814. Le 7 avril 1815 il fait, dans le même journal, une longue énumération des prospérités de la France et du bonheur que le gouvernement de Napoléon devait répandre dans toutes les familles. Il fait maintenant de l'opposition.

JOUY (Victor Joseph-Étienne de), né en

1769. M. de Jouy a été militaire jusqu'à l'âge de trente ans, en cette qualité il a parcouru les deux Indes, et a resté très-long temps à Chandernagor, dans le Bengale. Dans ses voyages, il a beaucoup étudié, beaucoup observé et beaucoup appris. En 1800 il quitta le service militaire, et ne s'occupa plus que littérature. *La Vestale, Sylla, Bélisaire, Tippoo-Saëb, les Baya dères*, etc., lui font beaucoup d'honneur, ainsi que ses jolis tableaux de mœurs : *l'Hermite de la chaussée d'Antin, le Frano parleur, l'Hermite en province*, etc., qui l'ont fait surnommer l'Addisson français. Jusqu'en 1814, Napoléon a été le héros de M. de Jouy ; en 1814 son opéra de *Pelage, ou le retour d'un bon roi*, et surtout ses articles dans les journaux, annoncèrent un changement de vent. Nous devons cependant remarquer que M. de Jouy ne sollicita jamais les faveurs du pouvoir, ce qui semble prouver qu'il n'a tourné que par conviction. Les constitutionnels s'honorent aujourd'hui de le compter dars leurs rangs.

L

Lacrételle (Charles de), né à Metz, M. Lacretelle s'est toujours fait appeler, au moins depuis cinquante ans, Lacretelle jeune, et aujourd'hui, quoiqu'il ait les cheveux blancs, il aime encore qu'on l'appelle jeune. Il fut créé censeur littéraire en 1804, et en cette qualité il s'acquitta merveilleusement des fonctions qui lui etaient confiées. Lors du changement du gouvernement, M. Lacretelle a changé d'opinion, mais pas de place ; il était censeur, il est censeur, et probablement il mourra censeur. Loin de ressembler a ce bon abbé Vertot qui disait : *mon siége est fait*, M. Lacretelle a fait, défait et refait l'histoire de France : en sa qualité de censeur, il s'est censuré lui-même ; il a fait amende honorable en retranchant de son ouvrage des pages qu'il appelait séditieuses ; il a soutenu en pleine Academie qu'un historien ne devait pas être impartial, et qu'il valait mieux mentir à la postérité que de déplaire au gouvernement. Il y a peu de girouettes qui aient été aussi loin.

Latour-Maubourg (Le marquis de); Ma-
rie-Charles-César Fay. Colonel du régiment
Soissonnais, M. Latour-Maubourg fut nommé député de la noblesse du Puy, aux
états-généraux. Il passa un des premiers
de son ordre, dans la chambre du tiers-
etat. Il fut un des trois commissaires nom-
més pour ramener Louis XVI de Varennes
a Paris. Il s'attacha ensuite à M. de la
Fayette, et commanda avec lui l'armée du
centre ; il émigra lorsque M. de la Fayette
quitta la France, et il partagea la captivité de
ce général dans les cachots d'Olmutz. L'Empereur rappela M. de Latour - Maubourg
qui fut nommé sénateur en 1806, et secretaire du sénat en 1812. En 1814, S. A. R.
Monsieur comte d'Artois le nomma commissaire extraordinaire à Montpellier, pour
contribuer au rétablissement de la monarchie. Le 4 juin 1814, il fut nommé par le
Roi pair de France. Dans les cent jours, il
conserva ce titre. En juin 1815, lorsque
Carnot, alors ministre de l'interieur, vint
a la chambre des pairs, faire l'exposé de
la situation de l'armée, après la bataille de
Waterloo, M. Latour-Maubourg se leva et
dit : « Ces nouvelles ont tout le caractère

» de l'invraisemblance, et je demande que,
» si les faits ne sont pas vrais, le ministre
» Soit mis en état d'arrestation. » A la
seconde rentrée du Roi, M. Latour-Maubourg fit de nouvelles et de grandes pro
testations au Roi. En 1819, il fut nomme
ministre de la guerre, et conserva le porte-
feuille pendant deux ans, pendant lequel
temps il fut de nouveau promu à la pairie.
Il est aujourd'hui gouverneur des Invalides.

LAURISTON. (Alexandre Law de) C'est le
descendant du fameux Law, dont M. de
Villèle, suit aujourd'hui les traces. Il fut
aide-de-camp de Napoléon; le Roi le fit
ministre de sa maison. Il servit l'un et
l'autre avec le même zèle. Le chef du gouvernement fût-il turc ou arabe, il est le
maître, et M. Lauriston n'en demande pas
davantage.

LEMONTEY (Pierre Edouard). Né à Lyon
en 1762, M. Lemontey était censeur dès
1804; il semble être ne pour ce métier.
cependant il ne faut pas croire qu'il ne
sait manier que des ciseaux, il sait aussi
tenir une plume et faire des vers, et des

vers héroïques encore : témoin son poème
sur la naissance du roi de Rome. Ce poème,
qui a pour titre, *Thibaut, ou La naissance
d'un comte de Champagne*, est passable-
ment mauvais ; mais ses vers en faveur de
la *légitimité*, ne valent pas mieux.

LEFÈVRE-GINAU (Louis). Inspecteur
de l'université impériale ; inspecteur de
l'université royale ; puis inspecteur de l'u-
niversité impériale, et de nouveau inspecteur de l'université royale : il n'a tourné
que de *l'impérial* au *royal*, et du *royal* à
l'impérial ; pour ce qui est de son titre
d'inspecteur, il n'a pas changé.

LE PRÉVOST-D'IRAY. Poète qui fit des vers
en l'honneur de la liberté, qui accepta une
place sous Napoléon, et qui, plus tard,
chanta les Bourbons : *è sempre bene*.

M

MALTE-BRUN. Comme géographe, il est
de tous les pays ; en sa qualité de poète et
de journaliste, il est de tous les partis ;
exemple .

Naissance du Roi de Rome.

Mars te salue, ô fils d'un héros sans pareil,
Ton œil s'ouvre au triomphe en s'ouvrant au soleil!

Plus tard on lut dans le *Journal des De-*
bats :

« La cause des Bourbons est la cause de
» la liberté française et de la liberté euro-
» péenne. »

Un an après, M. Malte-Brun écrivait :

« Nous avons vu , depuis quelques mois,
» certaines personnes soutenir que la France
» était le patrimoine d'une famille. Cette
» doctrine féodale ne peut soutenir un exa-
» men historique.»

En sa qualité d'étranger, M. Malte-Brun
ne tient guère aux sentimens français; en
sa qualité de géographe, il connaît l'in-
fluence des vents selon lesquels il tourne.

MARESCOT (le comte de), Armand-Sa-
muel. Né à Tours, en 1758, M. Marescot
etait capitaine au commencement de la re-
volution , et il a servi dans les armees, en
developpant des connaissances supérieu-
res. Au siège de Charleroi, le representant

Saint-Just ordonna de le faire fusiller, parce qu'il lui avait résisté dans un conseil.
Le général Jourdan refusa d'exécuter l'ordre, et peu de jours après, M. Marescot
s'étant emparé de la ville par surprise, il
fut nommé général de brigade. Il se distin-
gua partout comme officier supérieur du
génie, mais la capitulation de la division
du général Dupont, faite en Espagne, le 20
juillet 1808, lui attira une disgrâce com-
plète de l'Empereur, qui le fit d'abord
incarcérer, et ensuite l'exila à Tours. En
1814, le Roi lui rendit sa liberté, ses titres
et son rang. Pendant les cent jours, il reprit du service auprès de Bonaparte, ce
qui, d'un autre côté, lui attira la disgrâce
du Roi. Enfin, en 1819, il fut nommé pair
de France. Il siége maintenant.

MARMONT. Comblé de biens par Napoléon, il fut un des premiers lieutenans-
généraux qui signèrent la déchéance de
l'Empereur. On rapporte à ce sujet beaucoup de choses dont nous ne ferons pas
mention.

Il était, il est et il sera toujours en faveur. C'est un homme bien heureusement
organisé.

Marron (Paul-Henry). Président du Consistoire, dé l'église réformee, il a harangué Napoléon, il a harangué le Roi. Pourvu qu'il préside le Consistoire, M. Marron ne s'inquiète pas du reste; il tourne, c'est vrai, mais c'est pour garder sa place; il n'y a pas de réplique à cela.

Martainville (Alphonse). Journaliste, poëte. Il est auteur de quelques chansons ultra-révolutionnaires, d'un grand nombre de couplets ultra-napoléonistes, et d'une immense quantité de vers et de prose ultra-royalistes.

Voici des vers napoléonistes :

> Je sens redoubler mon ivresse
> Quand je pense à notre empereur,
> Il aura pleuré de tendresse,
> Soyons heureux de son bonheur !
> C'est le plus beau jour de sa vie
> Que nous annonce le canon,
>   Pon, pon, pon, pon, pon, pon,
>   Ratapon;
> Je crois l'entendre qui s'écrie,
> En baisant son joli poupon :
>   C'est un garçon !

Voici de la prose sur un autre ton :

« Rejouis-toi, peuple, tu verras ton roi ;
» ton roi sensible et bon comme la nation
» qui est heureuse et fière de lui obeir. »

Il y a loin de cette phrase aux *pon, pon,*
que nous avous cités plus haut, et l'on peut
dire que, pour tourner au moindre vent,
c'est à M. Martainville le *pon, pon.*

MENÉTRIER (Casimir). Mauvais poète,
excellente girouette.

Couplet de 1813 :

Tel le roi des Dieux,
Armé de son tonnerre,
Renversa des cieux
Les tirans orgueilleux.
  Tel le plus fameux
Des guerriers de la terre
Renverse à nos yeux
Le Russe audacieux.

Couplet de 1814 :

Orgueil de sa nation,
Voyez ce *grand Alexandre,*
Il n'a d'autre ambition
Que la paix et l'union,
Bon, bon, c'est un Bourbon,
Mes amis, qu'il vient nous rendre,
Bon, bon, car un Bourbon
  Est toujours bon.

M. Ménétrier prétend qu'il n'a jamais changé d'avis. Cela est vrai, et s'il à passé du nord au midi, c'était pour être toujours du bon côte.

MICHAUD (Joseph). Officier de la Légion-d'Honneur, lecteur du Roi, membre de l'Institut, poète républicain, poète napoléoniste, et maintenant ecrivain royaliste. Il voudrait se faire passer pour immobile. Mais ses stances sur la Naissance du roi de Rome!... Mais les principaux articles de son journal : *la Quotidienne!*... Vous avez tourné, M. Michaud! et pourquoi vous en défendre? vous vous en trouvez si bien!...

N

NOEL (François), né à Paris, elève du collége des Grassins, et ensuite du collége Louis-le-Grand, où il fut un ami de Robespierre. Quoique M. Noël n'ait point ete l'admirateur de ce monstre, à une autre époque, cela ne l'a pas empêché d'accepter plusieurs places dans la diplomatie pendant la république. M. Noel est grand compilateur d'ouvrages ; il compile, compile,

suite nommé au conseil des Cinq Cents, puis il devint préfet du département de la Dyle, où, il fit beaucoup de bien ; après avoir rempli diverses missions dont il avait été chargé, il fut nommé sénateur. Le 1er avril 1814, il vôta la déchéance de Napoléon, et fut nommé pair de France par le Roi, en juin de la même année. Au retour de l'Empereur, il fut nommé pair : depuis ce temps, il resta dans l'obscurité jusqu'en 1819 où il fut de nouveau nommé pair de France.

PUYMAURIN (baron de) Jean-Pierre-Casimir-Marcassus, né à Toulouse en 1757. M. Marcassus de Puymaurin député en 1806 et en 1811, a été à ces diverses époques, le plus infatigable assiégeant des ministères : il sollicitait pour lui et les siens, il en fait encore autant, et paraît ne pas se contenter de la place de directeur de la monnaie qu'il occupe aujourd'hui.

R

RAVEZ. Né à Rive-de-Gier en 1770, président de la Chambre des députés; dans

une adresse de M. Ravez, à M. Camba-
cérès, en 1806, il prouve qu'il était forte-
ment attaché à la famille Impériale; ensuite il a refusé de défendre les frères *Fau-
cher*, ses amis depuis longues années; il
a favorisé l'exclusion de M. Grégoire et fait
empoigner M. Manuel; que de titres à la
reconnaissance nationale!

ROGER (François) né en 1779. M. Roger
étant secrétaire de M. Français de Nantes,
directeur des droits réunis, fit placer quatre
à cinq cents de ses amis, dans cette administration. M. le directeur GAL disait en parlant
de lui *mon secrétaire est bien le boiteux
le plus ingambe des cent trente départe-
mens.* C'est sans doute à la course que cet
ingambe boiteux a attrapé la place de secrétaire-général de l'administration des
postes, et un fauteuil d'Académicien.
« *M. Roger a tourné aujourd'hui toutes ses*
» *études académiques*, disent les auteurs de
» la biographie des quarante, vers la di-
» rection générale des postes; il a montré
» dans le cours de sa vie, pour parvenir aux
» emplois lucratifs, tout l'art et toute l'in-
» trigue qui manquent à ses comédies,

» sans cesse prosterné devant le pouvoir,
» ses humbles suppliques à la main, il sem-
» ble avoir pris pour patrones, les Prières
» ces filles boiteuses de Jupiter, qui ob-
» tiennent ce qu'elles demandent instam-
» ment. »

ROUGEMONT. Vaudevilliste qui chanta tous
les pouvoirs. Libéral sous le ministère de
M. Decaze, il publia un roman ayant pour
titre : *Les Missionnaires* ; royaliste maintenant, il jouit de la faveur ministérielle : c'est
une girouette sans importance.

RUTTY (Le comte) Charles-Etienne-Fran-
çois. Lieutenant - général d'artillerie, né
en 1774. Après avoir servi avec distinction
dans les armées, sous l'Empereur, il fut
nommé en 1815 commandant de l'artillerie destinée à combattre Napoléon. En
mars 1816, il fit partie du Conseil de guerre
qui condamna le général Bertrand. Le ministre Decaze ne l'oublia point en 1819 ; il
fut nommé pair de France.

S

SALGUES, journaliste. Voici deux petites

phrases de cet écrivain, qui ne se ressemblent guère : ·

« Ne croyez pas les traîtres quand ils
» affectent de gemir de voir des Français
» armés contre des Français, parce que
» *le Corse* n'est pas Français. »

Quinze jours après, *le Corse* étant redevenu Empereur, M. Salgues écrivait :

« Quand on a connu les ministres du der-
» nier gouvernement (celui des Bourbons)
» on se demande si jamais il a existé une
» aggrégation d'hommes d'une ignorance,
» d'une impéritie, d'une sottise plus con-
» sommée ? »

Séguier. Premier président de la Cour
impériale, premier président de la Cour
royale : il a encensé l'Empereur, il a encensé le Roi, et il est resté premier président.

Soumet (Alexandre). Né à Toulouse en
1796, M. Soumet est un des immortels quarante. Il n'est cependant pas très-sûr que
ses ouvrages vivent aussi long-temps que
lui. Il a chanté Napoléon Le Grand, l'ar-

rivee du Messie sur la terre (le Roi de
Rome), et tous les augustes Princes de la
maison de Bourbon. Que ne chanterait-il
pas ? La muse de M. Soumet est si com-
plaisante !

T

TALLEYRAND-DE-PÉRIGORD (prince) Charles Maurice. Né à Paris en 1754, sacré Evêque d'Autun en 1788; en 1790, il officia
pontificalement au Champ de Mars, sur
l'autel de la Patrie, lors de la grande fé-
dération. Napoléon le créa Prince, le Roi
lui confirma la principauté, et les immobiles l'ont nommé prince des girouettes.
Nous croyons qu'il mérite toutes ces dignités que peu de gens seraient capables de
lui contester, et à l'appui desquelles il ne
manque pas de titres.

TRUGUET. Officier de marine sous Louis
XVI, sous la République, sous l'Empereur, sous le Roi; il a prêté serment de
fidélite aux dix ou douze gouvernemens
qui se sont succedes depuis trente ans. En
sa qualité de marin, il s'est toujours main-

tenu sous vent. C'est un homme qui sait conduire sa barque.

V

VAUBLANC. D'abord républicain, puis préfet sous l'Empire, il est aujourd'hui députe ministériel. Nous rapporterions quelques phrases de ce personnage, si nous ne craignions d'abuser de la patience de nos lecteurs.

VICTOR , duc de Bellune. Maréchal sous Napoléon, ministre sous le Roi ; il est maintenant en disgrâce : de quel côté soufle donc le vent ?

POST SCRIPTUM.

Honorables Girouettes qui auriez des réclamations à faire, vous nous trouverez toujours disposés à les accueillir ; et vous que nous aurions oubliés, prenez patience, car ce livre doit avoir au moins cent éditions, dont chacune sera considérablement augmentée.

N'allez pas vous offenser de ces innocentes plaisanteries : quand on est homme de bien, qu'importe le reste ? Le changement d'opinions politiques n'empêche pas la plupart d'entre vous d'être des hommes très-recommandables, et les immobiles s'honoreront toujours d'être de vos amis. Nous avons voulu rire, c'est bien pardonnable ; il est si triste d'être toujours dans la même situation...... Riez donc avec nous, indulgentes girouettes, et croyez à la haute considération avec laquelle nous avons l'honneur d'être vos admirateurs.

LES IMMOBILES.

www.ingramcontent.com/pod-product-compliance
Lightning Source LLC
Chambersburg PA
CBHW070936280326
41934CB00009B/1898